JN418621

정삼각형 가족

국립중앙도서관 출판시도서목록(CIP)

정삼각형 가족 : 나문석 시집 / 지은이: 나문석 . --
서울 : 詩와에세이, 2014
116P. : 127×206㎝

ISBN 978-89-92470-95-7 03810 : ₩8000

한국 현대시[韓國現代詩]

811.7-KDC5
895.715-DDC21 CIP2014020696

정삼각형 가족

나문석 시집

詩와에세이

2014

시인의 말

언제부턴가
아무도
오르지 않는 산(無等)에
내가 있었다

여러 겹의
두터운 겨울이 지나고

꿈이 아닌
꿈을 위하여
무등(無等)이 아닌
무등(舞登)을 위하여

이제 그 산을 다시 오른다

이천십사 년 유월 새벽, 무등에서
나문석

차례__

제1부

제2부

제3부

제4부

제1부

희망에게

시간이야
물 흐르듯 잘도 가더니만
세상의 맑은 아침은
반세기 지나도록 오지 않아
이제는
내가 너를 버린다
아!
부질없었던 그동안의
인고여

사각형의 공중무덤

그 지붕으로 올라가는 길은
마름모꼴의 사각형들이 숨어있었다
사각형을 밟을 때마다
목이 갈라진
철광석의 소리들이 비명을 토해냈다

나는 사각형의 기억 속에
숨어있는 시간들이
푸른 이끼처럼 지붕을 덮고
잠들어있는 것을 보았다

무수한 사각형의 무덤들
도시 한쪽에는
공동묘지처럼 도열해있는 사자들이
가로등에 걸리고
그 아래로
오래된 쇳소리가
둥근 바퀴를 끌고 철로 쪽을 향하고 있었다

사각형들이 누워있던 지붕들
내 어깨는 심하게 예각으로 기울어져
땅 위에서 잃어버린
이름들을 하나씩 공중에 매달아본다
검게 반짝이는 별들
누군가 저녁마다
죽은 자들의 이름을 공중에 새겨 넣고 있었다

아버지의 우물

원기둥 안으로
차가운 물방울들이 쏟아졌다
살을 가르는 물방울의 원 구슬 속에서
푸른 이끼 냄새가 났다
어머니는
그 냄새가 집 밖으로 퍼지는 것이
싫다고, 대문을 닫아걸었다
사각형 커다란 철문이
철거덕 쇠 닫히는 소리를 내며 땅 위에 우뚝 섰다
그해부터 골목 주위를
반구형 투구를 쓴 사내들이 서성거리고
소문은 자꾸만 가로등 불빛을 따라 퍼져나가며
어둠 속에서 커다란 눈동자를 두리번거렸다
그럴 때마다 어머니는
마당 안에 놓인 원기둥 속
우물을 들여다보았다
깊이도 모를 빛깔로 출렁이는 물방울들
그 물방울 같은 불빛을 달고

먼지가 쌓이던 아버지의 책상 위에
하늘로 올라가는 흰 촛불의 원기둥이 탑처럼 술렁이고
원기둥 끝에 어머니의 한숨이 맺힐 때마다
검고 깊은 심지 끝
검은 물방울들이 내 혈관을 돌아다니면서
물방울무늬의 슬픔들을 토해냈다

궁촌재 넘는 길

멀리서부터 보였다 가느다란
흰색의 뱀

눈발에 묻혀
궁촌재 넘는 길
돌아보니 어느새
두발로 땅 위를 걷던
뱀 그림자들은 사라져 버리고

하늘을 향해
시위를 팽팽히 당기던 들판이
끊어진 활줄을 놓치지 않겠다는 듯이
보청천 마른 갈대밭을 흔들며
전신에 소복을 걸치고 걸어온다

텔아비브 통신

사자는 다비트의 오각형을 휘날린다

겹쳐진 역삼각형 아무리 뒤집어도 갈퀴들은 모래밭을 벗어나지 못한다

나팔꽃 같은 여름이 나무 위에서 펄럭이는 시간

우주는 벌써 커다란 별을 땅 위에 유성같이 쏟아놓는다

무덤 위에 핀 지독한 혈흔

나는 텔아비브 통신이 그려내는 불온한 오각형을 본다

사각형 원통

반추형
산 한쪽이
푸름 속에 갇혔다

나무들은
6월의 달력을 펼쳐들고

그 속에서
구겨놓은 원기둥 같은 애벌레들이
자꾸만 꼬리에서 흰 실을 뽑아
고치를 만들었다

오래된 바위들은 알고 있을까
이 다면체의 세상이 언제부턴가
모니터의 평면 속에서
풍경을 하나의 면으로 다스리는지

다스려진 풍경 속에

소실점을 잃어버린 점 하나
거기에 너의 얼굴이 걸려있다

정삼각형 가족

삼각형의 두 변이 잠들었다
꼭짓점을 아무리 흔들어 깨워도
식구들은 일어나지 않았다

사각형 싱크대 모서리에서는
해물탕이 반구형 소문을 터뜨리며 끓어오르고
간간이 인터넷 라디오가
광장에 모인 사람들 구호소리 흘렸다

구름이 아주 짙게 낀 하늘
온갖 도형들이 모여든 육면체 어항에서
형광빛 받은 이끼들
푸른 한숨을 토해내고
그 사이를 돌아다니면서
다면체의 키싱피쉬들이 수없이 입맞춤을 나눴다
오늘 밤은 아무래도 때 이른 장마에
시달릴 것 같다는 생각이
어두운 하늘을 나는 별소리처럼 들렸다

순간 수족관 수면 출렁이며
삼각형 한 변이 불쑥 일어나서 기울어지고
아파트 꼭대기에 걸린 둥근 달이
낡은 가족사진의 액자 뒤로 넘어갔다

사서함을 비우며

우기의 여름 숲
정적 깊은 날
항로를 잃어버린 나라는
여전히
거꾸로 가는 역사를 쓰고
파종을 해도
새 살이 돋아나지 않는
내 삶의 부질없는 씨앗들

당신이 그토록 아파하고도
버리지 못한 기록들 앞에서
―복구가 불가능합니다
―정말로 지우시겠습니까?
―클릭,
―확인.

관계

나무 위에서
나무를 바라보면
나무가 숲이다

하늘 아래서
하늘을 바라보면
하늘이 땅이다

사람 속에서
사람을 바라보면
사람이 슬픔이다

응급실 25시

하루를 산다는 것은
하루 치만큼의 죽음을 준비하는 것

청춘은 가고, 꽃이 지듯
저 눈썹달도 만삭 지나면
하현으로 기울듯
그렇게 낡아가는데

무에 그리 급한 일 있어
불길한 사이렌을 울리며
응급실을 찾는가

그대에게 주어진
남은 시간 앞에서
그대는 이제 자유로운가
시각을 다투는 생사의 갈림길에서

그대가 바라보는 그대의 그림

석양에 발하는 노을 빛만큼은

아름다웠는가?

겨울비

사랑과 이별이 하나이듯
채움과 비움이 하나이다

빛을 거두는 하늘과
죽음이 횡행하는 이 땅에서

발가벗은 나무와
살을 에는 찬바람을
살아있음이라 믿을 때

사선을 넘듯이
너는 오는구나
한 시대의 다른 이름이었던
겨울비여

홀로 여는 바다

어떤 이는 날(日)이 샌다 하고
어떤 이는 해(日)가 뜬다 했다

가고 오는 것이 하나인데
날은 무엇이고 해는 무엇인가

날마다 미련한 생의 꿈들이
하늘과 땅이 맞닿은 곳에서
일어나고 멈출 때

고독한
자유의 의지를 품고
홀로 여는 바다

그예 가시려면

비를 몰아오는 바람이 숲의 잠을 깨우는 새벽
병실 창 너머로 보이는 녹엽들이 너울춤을 추며
고도(孤島)에서 띄우는 비운의 신호를 하늘로 보내고
깊은 골짝의 뻐꾸기 속 깊은 울음 울 때
희미하게 꺼져가는 샛별을 바라보며 소원을 비는 자(者)가 있다

그예 가시려면
사나흘쯤 기다려
저 비 멎으면
산 빛 고운 날 가세요,
아버지

훔치고 싶은 시

깊어가는 어둠 속

늑대의 발소리 낡은 천장을 흔들고

살쾡이인지 바람의 날개인지

밤새 문풍지를 갉아대는 날

기척도 예고도 없이

자살보다 깊게 절망스런 이 산하를

눈(雪)부시게 통일한

저이는 누구인가?

제2부

다시 사월은 오고

보랏빛 수수꽃다리 망울 터져 나와 지천엔 봄소식 가득한데

한겨울에도 푸른 잎사귀를 가슴에 매단 등 굽은 단풍나무 한 그루, 반도의 허리에 감긴 철조망보다 긴 세월, 희망가에 기대어 살아온 백발의 어머니는 서로의 시선을 어루만지며 아직도 순진하게

진달래(眞月來)를 기다리며 견디신다

어머니와 내비게이션

한 치 앞도 보이지 않던 연대기를
연두의 눈물로 부초처럼
살아낸 팔순의 어머니

칠팔십 년대 서대문, 광주, 전주로
유신의 초행길 물어물어
남편 면회하러 잘도 다니시더니
이제 문밖에만 서도
당신의 집을 찾지 못한다

잠시 햇살처럼 정신 맑아진 날
당신의 막내동서가 보고프다고
처음 나서는 칠백 리 서천 가는 길

합천 지날 때쯤
사방을 살피다가
아직도 생생하다는 듯
여기로 쭈욱 가면 광주 아이가?

또 한참을 가다 전주 지날 즈음엔
더더욱 확신에 찬 목소리로
야야, 여기는 전주교도소 있는 데다!

글썽한 눈물 찍어내며
이 엄동설한에 너거 아부지는 잘 계시는가 모르겠다
니는 우째 이리도 길을 잘 찾노?

바늘에 찔린 듯 명치끝이 조여와 숨이 막히는데
울 어머니 너무도 태연하게 묻는다

야야, 우리 시방 어데 가는 길이고?

사람들의 봄

먼 산 능선을 타고
넓은 내륙에 잔잔한 물결 밀려오듯
봄은 그렇게 오리라

기지개 켜는 긴 강의 호흡을 따라
이 마을 저 고을
노오란 산형(傘形)의 꽃잎으로
벌과 나비 무리지어
인적 끊긴 길로 날아들며
봄은 또한 그렇게 오리라

겨우내 잔설처럼 남아
마른 가슴 할퀴는 이파리, 이파리들
햇빛 젖은 잎새로 창을 여는
홍보가 한자락 처마 끝에 걸리는
삼월 삼짇날

사람들의 봄은 살아, 살아서 돌아오리라

소리의 의미

이미 돌아올 수 없는

무심의 강을 건너버린

그 짧은 사랑을 위하여

회전 숫돌에 칼을 갈 듯

매미가 운다

가만히 귀 기울여 들어보면

그 뜨거운 소리의 의미

하루를 살더래도 징─허게 살으라고

뙤약볕 속에서 매미가 운다

쌍무지개

다독이며 살아온
범사에 대한 믿음이
분지의 지름만한 절망으로
변해갈 때
벌레처럼 스멀거리며
서대구 톨게이트를 빠져나가는 지열과
아직 내 안에 흐르는
눈물이 만나
그리움의 곡선을 그었다

장마

저리도 긴 울음엔
찢어진 넋들의 질박한 사연이 있는 게야

비만 오면 진흙탕 골목길에 허방다리 만들어 행인들 골탕 먹이는 놀이에 빠졌던 철부지 시절, 가진 것 없는 놈은 그저 공부로 출세해야 한다는 어머니 지청구의 꼬리에 책상머리 공부 귀신 되고 보면 나중에 영락없이 사갈(蛇蝎) 같은 놈 된다고, 세파에 타든 가슴마저 뒤집어 놓던 작자가, 대학 보내는 딸의 아비가 되어 밥상머리에서 등록금 걱정을 하는데, 한숨을 늘어놓는 마누라의 타박에, 형편이 정히 안되면 합격했으면 됐지 꼭히 졸업을 해야 하는 건 아니라고 뱉어놓고, 핏발 선 눈으로 출근하는 아침

아스팔트 위로 튕겨 오르는 무수한 빗방울들, 탄환들

유령놀이

극락강*을 건너온 눈바람이
온 누리 하얗게 칠하는데
창가에 선 백발의 어머니, 밤새도록
돌아가신 아버지를 기다린다
누워서 기다려도 오신다고 했지만
소용이 없다

지나가는 기차소리에
놀란 눈으로
통근열차 놓치면
작업반장한테 혼난다고
안달하는 어머니
도시락 가방을 챙겨 들고 기어이
방문을 나서려고 한다

동이 트려는지
창밖이 밝아지기 시작하는데
태어나기도 전의 날들이

굵은 눈발이 되어
허공을 가득 채우고

울 엄니 내일 아침에 시집간다고
새색시 화장을 시작한다

* 영산강과 황룡강의 분기점에서부터 광주천이 나누어지는 지점까지를 극락강이라 부른다.

도무지

사랑하는 이를 떠나보낸 친구와
남아있는 우리들이 함께 술을 마신다
떠나간 사람과 남은 사람의 쓸쓸함이 가득한 방에서
"사랑, 그 쓸쓸함에 대하여"를
비음으로 흘리다가
이제 그만 술통을 좀 비워달라는
아랫배의 요청으로 화장실을 찾는데
뒷간, 칙간, 정낭, 통숫간, 매화틀, 북숫간,
해우소도 아닌 것이
'시원실' 이란 이름표를 달고
턱 버티고 있다

그 이름이 자꾸만 마음에 거슬려
혼자서 중얼거렸다
"도무지 알 수 없는 한 가지"
세상이 아직 고혈압에 부대끼는 혈관처럼
여기저기 막혀있는데
무엇을 일러 시원타는 것인지

겨우 억지로 불린 오줌통 하나를
비우고 나와
나는 시원해도 되는 것인지

버려진 장독 속에 고인

어두운 길 가운데
비발디의 봄이 울고 있다
붉은 꽃잎 위에서
허공을 향해 비행하는 오월의 아픔
점점 얇아져가는 나의 바램들
장독 속에 빗물로 고이고
세상의 둘레를 한 바퀴 돌아온 하루가
입안 가득 모래 알갱이로 서걱거릴 때
내 안에 고여있던 지난 생애의 잔설들이
검은 장 빛으로 발효되고 있다

흔들리는 바다

잊어도 좋은 것들이
물결에 밀려 내 발밑까지 닿는다
닿을수록 푸른 물보라로 부서지는 기억들
날개를 접고 있는 물새들의 잔등을 타고
바다 위에 가을을 수놓는 하늘
쳐다보면
누이야,
고운 네 눈 속만큼 하얀 바다가
술병처럼 자꾸만 흔들린다

슬픈 술

인쇄공 이씨는
한 방울의 술도 마시지 못하는 사람인데
지난 밤 음주단속으로 한바탕
고역을 치르고 말았단다
피를 토하듯이 억울한 사연을 꺼내 놓는데
가만히 듣고만 있어도
세상에서 가장 슬픈 술이 되었다

인쇄를 하는데 필수적으로 사용되는 것이
공업용 알코올인데
하루 종일 일하다 보면 코로만 들이킨
알콜지수가 소주 반병이 넘는단다
제 아무리 설명을 해도 그걸 알아주지 않는 경찰관이
에프엠 같은 음주측정기로만 닦달을 하고
나중에는 술 마시고 오리발 내미는
못된 놈으로까지 치부를 하더란다
분을 삭이지 못한 그가
정말로 태어나서 처음으로 술을 마셨다

세상이 온통 아지랑이처럼 빙빙 돈다며
토악질을 하다가 쓰러졌다
생각할수록 슬픈 술

어느 출판노동자의 이력

1. 두엄출판사

배가 고파도 내가 하는 노동이
즐거운 때가 있었다

30여 년 내 손으로 지은 알곡이
백 섬은 넘을 텐데

오늘도 긴 밤을 사루어
찬밥 한 덩이 먹었다

2. 대열이 형에게

그날을 기억하는지요, 형이 장항초등학교에 첫 발령을 받아 노루목 골짜기의 폐가에 기거할 때, 이유는 묻지 말고 함께 살자며 나타난 대책 없던 나에게, 제자 놈 집에서 얻어왔다는 동동주 한 독을 죄다 퍼 먹여 놓고, 옆방에 군불 지펴 우선 잠부터 자라고 했던 그 밤을, 모처럼 군불을 지피자 허물어진 벽 사이로 엄동의 추위를 피해 들어온 수십 마리의 들쥐들이 이불 속을 파고들던 기절초풍 앞에서, "개들도 안 춥겠나! 방정떨지 말고 같이 자거라" 했던 그 밤을, 그 후로 여러 해가 지나서 국가원수 모독죄로 해직되어 술과 독기로 살아온 세월 통한과 비분이 담긴 시집 『할 일 없는 하루』로 나는 다시 형을 만나게 되었지요 시집이 나오던 날 형의 노동현장(월성 원자력발전소)에서 한(恨) 덩어리 몇 점을 구워놓고 밤새도록 소주를 마셨던 일 기억나는지요 참으로 긴 세월이었지만, 세상이 변하여 그렇게 "할 일 없" 던 형이, 복직이 되어 너무나 기뻤지요 이번엔 형의 애제자가 나서서 편집하는 제2시집 『갠지스 강을 그리며』의 출간을 눈앞에 두었건만, 자리에 누워 쓰러져 있는 형 제발 그만 일어나세요 죽음 같던 '할 일 없는' 동안 못다 해치운 과업들이 아직 너무나 많이 밀려 있잖아요

밥

정신이 혼탁해지면 나는
밥을 굶는다

한때는 배 터져 죽는 게 소원인 적도 있었지만

사람의 혼을 맑게 해주는 방법 중에
이만한 것이 없다는 것을 깨닫기까진
밥에 대한 생각이 깊지 않았다

오랜만에 가벼운 몸으로
시집을 읽는다

알알이 영근 시어들 속에
내게는 술이 되어버린 밥이 있었다

노을제

누군가를 사랑하다
이런저런 구실로 하여
그 마음을 바꾸지 마라

먼 훗날 그 일로 하여
그대가 지닌 마음속
지울 수 없는 생채기 하나

노을 빛 아름다운
강가에서
다시 바라보게 될 테니까

제3부

아름다운 사람

내가 바람을 사랑하는 마음은
그 시작이 어디인지
끝이 어디인지
누구도 알지 못하는 시공(時空)의
자유를 안고 있기 때문이다

내가 바다를 사랑하는 마음은
가슴이 쉬 데워지지도
데워진 가슴이 가벼이 식지 않는 영원한
기다림을 안고 있기 때문이다

내가 그대를 사랑하는 마음은
함께 나누어 아름다운 세상
빗방울 하나 강이 되고
한 그루의 나무들이 모여 숲이 되고 산이 되는
공동체의 섭리(攝理)를 알고 있기 때문이다

눈

어둠을 건너온 빛이 허공에서 길을 만들 때
에레보스(Erebus)에 눈이 내린다

갈라진 땅이 하나가 된다
뒹구는 것들이 이불을 덮는다
아무도 걷지 않은 신생의 길 하나가 태어난다

내 인생의 가장 아름다웠던 한때를 쓰라면
첫 눈이 내린
첫 길을 걸었던 그 일을 적으리
꿈속까지 따라오며 눈이 내리던
그 일을 추억하리

눈길을 걷는 걸음 위로는
자신만이 아는 길이 생긴다

눈을 받아낸 땅의 빛들이
하늘을 향해 화살을 쏜다

그걸 바라보는 바람이
빛의 살들을 사방에 흩어놓는다
천지가 하얀 이유

취한 걸음으로
온 밤 내 너에게로 가던 그날을
나는 지금도 눈 내리는 날이라 적으리

선물

사는 동안 누군가를 사랑하게 되는 것은
그 순간부터 하염없이 빚을 지는 일이다

지지리도 박복하고 궁상맞았던
나날들 속에서
단비와도 같았던 우정의 그대들

오늘 또 그런 어리석은 만남을 위해
대전으로 가는 고속열차 안에서
설핏 잠들었다 깨어난 내 눈에 비친
화이트데이 광고를 보며 생각한다

풍경처럼 흩어지는 봄비에 젖어
다시 서는
빈들의 저 풀잎처럼

오늘 밤은 한 잎의 네 잎 클로버 되어
그대들에게로 나를 건네주고 싶다

천 년이라는 말

오랜 세월 기다려도
그대는 오지 않고
고장 난 나의 꿈들
천태산 은행나무 앞에 이를 때
쏟아져 내리는 그리움
찔레꽃 가시에 걸렸나
쳐다보고, 또 쳐다보아도
천 년의 세월은 믿기지 않아
비껴가는 달그림자
아래

거미

사람의 집에는 형광이 밝히는 소란이 살고
거미의 집에는 구름사다리 타고 내려온 별빛들이 산다

빈 나무의 가지 위에 거미가 아로새긴
비구상화 한 폭
저 그림 속 화룡정점을 꿈꾸는 그는
어둠을 배경으로 자신의 찰나를 겨누고 있다

거미에게 주어진 일생이라야 고작 삼백예순다섯 날
이른 아침부터 거미는 안개의 진액을 빨아들여
물방울 보석을 만드는 일에 열중이다

살피재 넘어 성기대교 지나는 길목에서
나는 순간의 광휘를 본다
두고 온 꿈의 은빛 가루처럼 쏟아져 내리는
제 속살 환히 드러낸
영롱한……결정

삼백예순다섯 날을 오십 번이 넘도록 지나왔어도
나의 갤러리엔 오욕 같은 욕망의 붓질만 난무할 때
일생의 가장 아름다운 그림 한 점을 위해
거미는 지금, 제 몸 어딘가를 뽑어 올려 필생의 길을 내는 중이다

집

지금은 사라진 골목
늘어진 빨랫줄 길이만큼 가난한 언덕 위
그 집*이 있었다
골바람에 반창고 붙인 창문
적당히 흔들리고, 멀리서 낡은 전마선의
풍어가를 담아오는 파도
사월의 대연동 골목길, 라일락 향기 따라
가파른 길 오르며 콧노래 흥얼거리던
두부장수 아저씨

그처럼 살가운 풍경 오래도록 잊고 살았는데

몇 잔의 술을 마시다 말고
'그리운 바다 성산포' 를 듣고 싶어
미치겠다는 그대 생각의 줄기를 따라
주인이 술 같은 집
술이 주인 같은 집
그곳에 가면 만날 수 있다는

집을 찾아간다
내 집도 버리고
그대 집도 버리고
오늘은 그 집에서 성산포를 마시자

"술은 내가 마시는데 취하기는 바다가 취한다" **

*대구 동성로에 있는 카페 이름
**이생진 님의 「성산포」 중에서

나팔꽃

해 동안
타는 그리움
하늘 향해 솟더니

밤새 내린 비로
속곳 젖은 비밀 하나
뉘 가슴에 안기었나

월류봉 연가

어제 불던 바람 저문 강 건너가고

오늘 부는 바람 추풍령 넘어 홀로 가는 길

아리고 숨 가쁘게 건너와 등에 휘감기는 한 됫박의 취기

감고 감기어도는 실타래처럼 돌아가는 또 하나의 고개

누군가 머물다간 그곳에 풍경처럼 매달린 달

내가 들고 온 시름의 매듭을 풀어보니

에헤라, 무명이라

길치

한번 가본 길도 허벅거리다
늘 타박 맞기 일쑤인 나이지만
더 기막힌 길치를 만나서
숨이 멎을 것 같은 날이 있다

세상사 누구나 다 그러하겠지만
길이란 놈이 꼭 하나만 있는 것이 아니어서
갈래길을 만날 때마다 망설이지만
가야 할 길, 가지 않아야 될 길
구별할 줄 아는 것이 인간이거늘
누군들, 맑은 길을 두고
시궁창 같은 길을 갈 것이며
약속의 길을 두고
배반의 길을 갈 것인가

오늘 나는
강의 길, 그 위대한 자연의 흐름을
막아선 어리석음 앞에서

야만의 무지 앞에서
붕괴된 낙동강 철교 앞에서
무서움에 치를 떤다

어쩐다요

미친 눈발이
사월의 하늘을 송두리째 뒤집어 놓은 아침
봉화에서 날아든 문자 한 통
열흘 전 심어둔 씨감자 좆 됐다고
좆 씨감자?
하고, 농스런 답신을 보냈지만
이내 마음이 무거워져 왔다
지금은 비가 내리고 있었으므로
실감할 수 없는
좆 된 감자!

오후, 대전행 기차 안에서
눈 덮인 산야가 눈앞에 펼쳐져
갑자기 좆 된 감자의 현실이 살아났다
이런 경우 옛사람들은 그랬다
좆 같은 놈!
때문에 하늘이 노한 거라고

하늘님, 그래도 좋은디 말임다
허구한 날 죄 많은 놈들
도덕불감증 환자들은 다 놔두고
죄 없는 농부의 좆 된 감자만
어쩐다요?

아이씨, 시지(時至) 가요?

막차를 기다리는
취객들의 발걸음이 바쁘다

푸른 핏줄을 난도질한
칼바람 속을
끝없는 억압과 핍박에 짓눌려
지문 잃은 발바닥으로 살아온 날들

기하학보다, 천문학보다
피곤하고 어려웠던 인생이여!

오늘 밤은
술잔이 나를 삼킬 때까지 허락했던 길 위에서
절반은 저승에 걸린 혀로 한번 물어본다

아이씨, 시지* 가요?

*대구시 시지동

아직 하슬라역으로 가는 길을 묻지 못했다

나 아직 동해를 떠나지 못하고 있네

가야 할 길은 저문 강처럼 깊게 출렁거리고

저 고요의 한 점 섬

발목 저리게 만드는 당신의 노래가 있어

나 아직 떠날 준비조차 못하네

길에서 만난 길이여

오늘은 하슬라역에서 슬픈 우화의 무늬들을 감추고

이제는 솔직하게 작별에 대하여 생각하기로 하겠네

안녕, 안녕, 하슬라여

무섬마을에서 하룻밤

길이 끝나는 곳에 섬이 있었다
섬이 없는 섬에서
물 위에 떠있는 섬에서
외나무다리에 촘촘히 박아놓은 마음들이
물속에 발을 담그고
강물 속에 빠져있는 술병을 건진다
술병에서 술이 빠져나오고
취한 나그네의 혼이 빠져 나온다
지상에 존재하지 않는 허방새를 그리는
물정 없는 화가와
열네 살의 꿈이 아직도
오동낭구에 걸려있는 한 시인을 위해
끝도 없는 농담을 윤회처럼 거듭하던
그의 이름은 윤회였다, 김 윤 회
보이지 않는 별자리까지 더듬어
밤새 우주정거장을 만들고
잘 마른 꽃잎 같은 노래
사랑하는 이를 위해 불러주던 이

어떤 인연의 하룻날이 이리도 고울 수 있었을까
뽕나무에 익어가는 오디처럼 달콤한 밤
있는 것들이 있다가
마술처럼 사라지는 밤
없는 것이 없었던 채로 다시 사라지는
지상에 존재한 적 있고도 없었던
무섬마을의 저녁에
달이 환하도록 컹컹 짖었다

다 늦은 저녁

빈들에 내리는 석양빛이
천만 갈래지어 곱습니다

혼자 가지기에
너무 서러워

산모롱이 돌아설 때
형형 일어나는 만감을

배롱나무 잎사귀에
얹어두고 갑니다

제4부

좋은 아침

사무실의 아침을 걸레질하다 말고
영하의 냉기를 견디지 못해
심장이 얼어버린 하드웨어를 녹이고 있는데
십여 년을 한결같은 눈웃음으로 천진난만
'안·녕·하·세·요!'로 문을 들어서는 남자
어느 시인의 시집 한 권이 들어있는
우편물을 전해주는
표정과 눈빛이 선경이다

얼어있던 나의 심장이
정성을 다해 차를 끓인다, 돌아보니
끓는 찻물의 김처럼 그는 가고 없지만
찻잔에 담은 마음을 창문 너머로 전할 때
어린 시절 내가 그리고 키웠던 새 한 마리가
낡은 집배가방 위로 날아간다

스네이크 아이

살아온 날들이
온통 스플릿으로 점철된 기막힌 생이여!
크로아티아의 스플릿에는
이천 년이 지나도록 살아 숨 쉬는 유적들이
인간의 구조물로 남아있는데,
반백의 인생구력 속에 나도
만만하게 여기는 것 하나 있어
가끔씩 역삼각형 구도의 텐핀을 상대로
시름을 달래곤 하는데
여기에도 그리 만만치 않은 복병이 존재한다
퍼펙트한 경기를 이끌어감에 있어
단단한 집중력과 완벽한 스윙에도 불구하고
한순간 치명적으로 나를 배반하는 놈이
스네이크 아이다
하지만 이대로 멈출 수는 없다
비록 경이롭지는 않더라도
거트 끝에서 나를 노려보는 뱀의 눈을 향해
날카로운 일격을 가해야 한다

설령 패자로 남을 지라도
단 한 번의 멋진 승부를 위해
어프로치에서 시작된 19.15미터의 길을
정복하게 된다면
오늘도 내 안의 사막을 걷고 있는
동토의 겨울을 맨몸으로 견디어 온
어린누에들이
나비가 되어 날아갈 수 있을까

두더지잡기

망우당공원 내
'속에천불청송얼음막걸리' 집
매운 고추 정구지찌짐 한 접시 시켜놓고
꽁꽁 얼어붙은 사람들이 모여
속에 천불을 삭힌다

어둠의 골이 깊어질 무렵
저 놈의 두더지들은 잠도 없는가
아홉 개의 구멍을 쉼 없이 드나들며
교묘한 울음으로 발길을 멈추게 한다

두 다리에 힘을 주고
누가 먼저랄 것도 없이
우리는 갑자기 두더지잡기에 빠진다
생의 저쪽에 폭력만이 난무하듯이
수직의 망치를 내리친다

단단한 머리를 흔들며,

끝없는 저항으로 달려드는
"아야! 아야!"
미치도록 괴롭고 무서운 건
맞아도 죽지 않는 두더지가 아니다
더는 두드려 깨볼만한 것도 헷갈리는 세상
그 속에서 활활 타오르는 내 안의 천불

복권

풍광에 젖을 겨를도 없이
상주향토문화연구소로 간다
반가운 얼굴이 기다리고 있다

직장 일 더미를 뒤로 미루고
황 시인이 앞에 나서 교정 작업을 시작한다
저녁 무렵이 되어서야 일이 끝났다

살며시 내 손에 쥐어주는 기차표 한 장
그런데 이게 무슨 조화인가
아침에 타고 왔던 3호차 24호석이다

아침 차표를 보여주니
두 시인이 동시에
이럴 땐 복권을 사는 거여!

막차를 기다리며 마시는 소주가 달다
자신들이 내 복권인 줄 모르는

두 시인 얼굴에 붉은 꽃이 핀다

바라만 봐도 당첨이다

거품을 물었다

샤워를 하고 있는데
전화벨이 울린다
'지치면 끊겠지'
비누칠을 한다

벨은 끊기지 않고 끈질기게 울어댄다
휴일 밤중에 어느 웬수놈인가
폴더를 열어보니
!!!

얼른 통화버튼을 누르고
어인 일이신가 했더니
다짜고짜 다 벗어던지란다
깜짝 놀라 비누거품 잔뜩 발려있는
알몸을 쳐다보는데 이번엔
좆도 다 필요 없어!
…… …… ……,

끊어질듯 이어지는 통화가 끝났을 때
거품이 말라붙은 알몸엔
물기 하나 없었다

비틀거림에 대하여

인터넷 시국을 읽다 말고
베란다에 앉아 애꿎은 담배만 죽이고 있는데
정적에 잠긴 골목길 속을
한 사내가
나뭇잎의 그림자마냥
흔들거리며 걸어가고 있다
멀어서 표정을 알 수는 없지만
이쪽도 저쪽도
어느 한쪽으로 치우치지 않으려고
애를 쓰는 것 같은
저 완곡한 비틀거림
나는 그 속내를 알 것도 같다

눈 오는 날

눈발조차 심란함을 들쑤시는 오후
난생처음으로 파마를 한다
매달 커트하는 것도 아까워 백여 일 기른 머리
비싼 파마는 왜 하냐(?)고 시비하지 마시라
지금까지 살면서 단 한 번도
외형을 위해 돈을 써본 적이 없어
때깔 나는 옷 한 벌, 폼 나는 구두 한 켤레
세수하고 바르는 흔한 스킨 하나 없지만
조금도 불편하지 않았다
그런 내가 오늘
상상도 할 수 없는 짓을 한다
죽어서나 찾아질지 모르는
해법 없는 문제를 끌어안고 살아야 할
남은 날들 생각하니
머리카락이라도 볶지 않으면
숨쉬기가 힘들 것 같아서

해오라기

그대가 온유하였으므로
그대가 산소였으므로

모빌도 흔들리지 않는
오랜 숨 막힘 속에, 내가 살아있는
이유가 되었다

날마다 나무의 그림자가 점점 더 길어지고
꽃이 피지 않는 날들이 많아졌어도

바람을 기다리며
아득한 비상을 꿈꾸는 이유는
그대가 나의 사랑이기 때문이다

시여, 침을 뱉어라

목구멍에 가시가 걸려있다
뱉어내어야 하는데
도무지 뱉어지지 않는
비겁함이 있다

누군가 목숨을 바쳐
사수한 양심 앞에서
슬그머니 돌아서 나와
막다른 골목으로 들어선
저린 걸음 위에

시퍼런 가을 하늘은
왜 이리도 잔인한 것이냐

*시여, 침을 뱉어라: 김수영의 산문집 제목에서 빌려옴.

뭉크의 바다

할 말을 제대로 하지 못한 비굴한 날
우리는 장생포항으로 갔네
지금은 고래가 잡히지 않는 그곳
항구의 고래고기집
러시안 귀신고래, 장생포 밍크고래
시를 말하려다 인간을 말하고 인간의 말들은
우왕좌왕, 말 폭탄 되어 핵을 만든다
바다는 제 말을 하고
술고래들은 고래고래 소리를 지르는
뒤틀린 틈 사이
등이 터져버린 새우, 벌떡 일어나
깡소주 한잔 냅다 들이키고
바다를 향해 소리친다
니들이 내 깡을 알아!
아무런 힘이 없는 자의 깡다구
절규가 되어 바다로 뛰어든다

긴 물음 짧은 대답

황악산 아래
94세 된 시어머니를 모시고 사는 며느리에게 기자가 물었다
50여 년을 어쩌면 이토록 곱게 잘 모셨느냐고,

제가 한 게 뭐 있나요
밥상 위에 숟가락 하나 올렸을 뿐인데……

입춘

당신 가신지 벌써 마흔두 달
어머니는 아직 그 사실을 모르고
밤새도록 당신을 기다리다가
가슴의 그리움들만
돌무더기마냥 쌓여가고
쌓여진 돌무더기를 손 갈퀴로 헤집으며
날리는 세월의 먼지
가엾은 우리 어머니
이제 저쪽 세상으로
당신이 모셔간다면
꽃다운 청춘에 만난 어머니의 사랑
진홍빛 옷고름에 핀 꽃잎들
하지만 아버지
아직은 날이 찹니다
봄은 언제 오나요

적벽(赤壁)

나와
나의 또 다른 나와
내 안에 나와
잠자는 나와 깨어있는 모든 나와
나의 그림자까지
모두 하나 되어서

너를
오르리라

발문

푸른 이끼의 생명력

임 윤(시인)

1975년 겨울, 통금시간이 지난 골목길엔 정적이 흐르고 멀리서 호루라기 소리가 들려온다. 인기척 없는 야심한 밤에 봉창에 불을 밝히고 깊은 생각에 잠긴 나문석은 누군가 부르는 소리를 듣는다. 이명인가, 착각인가 하다가 설마 이 야밤에, 통금이 시작되었는데 찾아올 사람도 없다고 판단하고 무시한다. 그러나 잠시 후 유리창에 돌 던지는 소리와 함께 바깥을 내다본 그는 어둠 속에서 서성거리는 그림자를 발견한다.

"누군데 남의 집에 돌을 던지냐"는 말에 "손님이 왔으면 문을 열고 얘기를 하시지요"라고 반문한다. 문을 열고 들어온 사람은 생면부지의 교복차림인 고등학생이다. 얼떨결에 손님이라며 찾아온 그가 시 한 편을 꺼내놓으며 다짜고짜 당신은 왜 시를 쓰느냐고 묻는다. 그는 나문석과 같은 학교 교우였으나 서로 만난 적이 없었다.

그 시란 다름 아닌 교내 한글날 백일장에서 입상한 작

품이었다. 그 시를 읽고 나문석을 만나기 위해 무작정 찾아온 것이다. 그때 쓴 「지금 그 약속」이라는 제목의 시를 소개한다. "양지를 등진/이끼 낀 돌처럼/내내/젖어 울던 영혼이여//산화된/쇳덩이의 아픔처럼/순결하고/숭고한/바래움은 유린되었습니다//언젠가의 언약이/포말 속에 잠기고/널름거리던 불꽃이/야위어지듯/그 바래움은 잃어져 갔습니다//아-/어느 별의/끝없는 운항이……"

그 후 오랜 세월이 지난 2009년 양문규 시인이 발행하고 있는 문예지 『시에』를 중심으로 문학회가 결성되었고 해마다 충북 영동 송호유원지에서 문학행사가 열렸다. 카랑카랑한 목소리의 나문석은 쉽게 눈에 띄었다. 나는 같은 자리에 합석하고 술을 마셨다. 앞자리에 반백에 턱수염을 기른 초면인 시인과 인사를 나누었다. 박기영 시인이다.

다시 처음으로 돌아가서 당시 통금시간에 교복차림으로 나문석을 찾아온 교우가 지금의 박기영 시인이다. 두 사람은 밤새 문학을 이야기하다가 문학동아리를 결성하자고 약속했다. 그래서 탄생한 동인이 '오구문학' 동인이다. '오구문학' 동인은 오십구 년도 출생으로 대구 지역에서 활동하던 고등학교 문예반 학생들로 구성된 동아리였다. 당시에는 대구를 대표하던 문청들의 모임이었다. 나문석은 사실 오십칠 년 생이다. 결핵으로 인해

허약한 몸으로 제 나이에 고등학교를 다니지 못하고 2년 동안 재수를 했었다.

재수를 하던 1974년 나문석의 부친은 인혁당 사건에 연루되어 집안은 하루아침에 엉망이 되었다. 그런 와중에 1975년 두 살 늦은 나이로 달성고등학교에 입학을 했다. 일 년간 면회 한번 못했던 아버지는 사건 판결이 나던 날 무기징역형을 선고받았다. 당시 사회 분위기상 자연스레 급우들과 멀어지게 되었고 그에게 그런 날들을 이겨내기에는 문학동아리가 적격이었을 것이다. 그때 백일장에서 생애 처음으로 쓴 시와 박기영이라는 교우와의 인연으로 나문석은 시인의 길로 들어서게 된다.

나문석의 시는 여기서부터 시작되었다. 유신정권에 의해 파편화된 슬픈 가족사는 나문석의 시에서 여러 가지 도형의 모습으로 일그러진 모습을 볼 수 있다.

> 원기둥 안으로
> 차가운 물방울들이 쏟아졌다
> 살을 가르는 물방울의 원 구슬 속에서
> 푸른 이끼 냄새가 났다
> 어머니는
> 그 냄새가 집 밖으로 퍼지는 것이
> 싫다고, 대문을 닫아걸었다

사각형 커다란 철문이
철거덕 쇠 닫히는 소리를 내며 땅 위에 우뚝 섰다
그해부터 골목 주위를
반구형 투구를 쓴 사내들이 서성거리고
소문은 자꾸만 가로등 불빛을 따라 퍼져나가며
어둠 속에서 커다란 눈동자를 두리번거렸다
그럴 때마다 어머니는
마당 안에 놓인 원기둥 속
우물을 들여다보았다
깊이도 모를 빛깔로 출렁이는 물방울들
그 물방울 같은 불빛을 달고
먼지가 쌓이던 아버지의 책상 위에
하늘로 올라가는 흰 촛불의 원기둥이 탑처럼 술렁이고
원기둥 끝에 어머니의 한숨이 맺힐 때마다
검고 깊은 심지 끝
검은 물방울들이 내 혈관을 돌아다니면서
물방울무늬의 슬픔들을 토해냈다

—「아버지의 우물」 전문

인간의 삶은 원형(原形)에서 근본을 찾고 근본의 중심에서 평범한 삶으로 이어지는 것이 보편적이다. 그러나 그의 가족들은 원형(原形)이라 생각했던 아버지의 삶이

짓밟히고 유린되고 말았다. 원형(圓形)으로 비유되는 아버지의 우물에서는 푸른 이끼 냄새가 났다. 그러나 그 이끼 냄새는 한 번도 문밖으로 퍼져나가지 못했다. 이때부터 가족들은 정상적인 삶을 이루지 못하고 다각형으로 일그러진 도형의 형태로 삶이 변한다. 사각형의 대문은 덜컹 닫혀버리고 가족들은 골목을 감시하는 투구 쓴 경찰들의 눈초리를 벗어나지 못한다. 감시의 눈초리 속에서 가족들은 혈관을 돌아다니는 "물방울무늬의 슬픔"을 토해낸다.

아버지의 부재는 남아있는 가족에겐 감당키 어려운 현실로 닥쳤다. 가족들은 겨우 서로를 지탱할 수 있는 삼각형으로 변했다. 어느 한 변만 무너져도 가족 전부는 쓰러지고야 만다. "아무리 흔들어도 식구들은 깨어나지 않고" 가족들을 바라보는 주위 시선은 곱지 않았을 것이다. 그리하여 "삼각형 한 변이/불쑥 일어나서 기울어지고/아파트 꼭대기에 걸린 둥근 달이/낡은 가족사진의 액자 뒤로 넘어갔"(「정삼각형 가족」)을 것이다.

그 지붕으로 올라가는 길은
마름모꼴의 사각형들이 숨어있었다
사각형을 밟을 때마다
목이 갈라진

철광석의 소리들이 비명을 토해냈다

나는 사각형의 기억 속에
숨어있는 시간들이
푸른 이끼처럼 지붕을 덮고
잠들어있는 것을 보았다

무수한 사각형의 무덤들
도시 한쪽에는
공동묘지처럼 도열해있는 사자들이
가로등에 걸리고
그 아래로
오래된 쇳소리가
둥근 바퀴를 끌고 철로 쪽을 향하고 있었다

사각형들이 누워있던 지붕들
내 어깨는 심하게 예각으로 기울어져
땅 위에서 잃어버린
이름들을 하나씩 공중에 매달아본다
검게 반짝이는 별들
누군가 저녁마다
죽은 자들의 이름을 공중에 새겨 넣고 있었다

—「사각형의 공중무덤」 전문

고등학교에 다니던 나문석은 광주교도소에서 복역 중인 아버지를 면회하러 대구에서 광주까지 대중교통을 이용해서 다녔다. 새벽에 도착한 광주에서 면회시간까지 몇 시간을 기다릴 곳은 무등산이었다. 산에 올라 광주 시가지를 내려다보면서 그는 무슨 생각을 했을까. 교도소 지붕의 사각형 문양이나 바닥에 깔린 보도블록의 사각형들은 원형(原形)을 잃어버린 사람들의 얼굴로 비춰졌을 것이다. 원형(圓形)으로 살지 못하고 각진 비명을 토하며 죽은 사람들, 불완전한 다각형의 삶이 팽배했던 시대, 유신독재정권에 의해 유명을 달리한 무수한 사람들의 자화상이 도처에 널려있었던 것이다.

그때 쓴 시 한 편을 들여다보면 "교도소가 보이는 언덕에서/휘파람을 불었다/바람은 동편에서 남편으로/구원은 아득하고/봄지천 진달래 진달래/眞月來 眞月來"(「우리들을 위하여」)라고 쓴 시가 있다. 진달래를 왜 진월래라는 한자어로 표기했을까? 그건 그 가족이 겪고 있는 왜곡된 삶에 언젠가는 진실한 달이 오리라는 믿음 때문이었다. 그 기다림은 "보랏빛 수수꽃다리 망울 터져 나와 지천엔 봄소식 가득한데//희망가에 기대어 살아온 백발의 어머니는 서로의 시선을 어루만지며 아직도 순진하게//진달래(眞月來)를 기다리며 견디신다"(「다시 사월은 오고」)라며 아직도 진실이 돌아오지 않고 있는 현실을 고백한다.

또한 아버지의 부재로 인해 가장 많은 인고의 시간을 보낸 사람은 어머니일 것이다. 가족들의 생계가 막막했을 현실에 어머니는 노동현장으로 내 몰리기도 하였다. 그렇게 지낸 인고의 시간도 부질없이 지금은 치매에 걸려 투병 중인 어머니는 아직도 그때의 환청과 환각에 시달리신다. 기차소리만 들려도 출근해야 한다며 벌떡 일어나신다(「유령놀이」).

한 치 앞도 보이지 않던 연대기를
연두의 눈물로 부초처럼
살아낸 팔순의 어머니

칠팔십 년대 서대문, 광주, 전주로
유신의 초행길 물어물어
남편 면회하러 잘도 다니시더니
이제 문밖에만 서도
당신의 집을 찾지 못한다

잠시 햇살처럼 정신 맑아진 날

당신의 막내동서가 보고프다고
처음 나서는 칠 백리 서천 가는 길

합천 지날 때쯤
사방을 살피다가
아직도 생생하다는 듯
여기로 쭈욱 가면 광주 아이가?
또 한참을 가다 전주 지날 즈음엔
더더욱 확신에 찬 목소리로
야야, 여기는 전주교도소 있는 데다!

글썽한 눈물 찍어내며
이 엄동설한에 너거 아부지는 잘 계시는가 모르겠다
니는 우째 이리도 길을 잘 찾노?

바늘에 찔린 듯 명치끝이 조여와 숨이 막히는데
울 어머니 너무도 태연하게 묻는다

야야, 우리 시방 어데 가는 길이고?

—「어머니와 내비게이션」 전문

집 대문만 나서면 장소를 분간치 못하는 어머니는 그

래도 광주교도소 가는 길이나 전주교도소가 있던 자리는 기억하신다. 뿌리 깊게 내려앉은 그 트라우마가 얼마나 큰 충격이었으면 치매 앓는 노모에게 아직도 생생한 기억으로 자리 잡고 있을까. 수십 년을 집안의 가장으로 살아오신 어머니는 "한 치 앞도 보이지 않던" 막막한 사회현실에 하늘이 무너졌을 것이다. 당신의 남편이 돌아가신 걸 아직 모르시는 어머니는 "글썽한 눈물 찍어내며/이 엄동설한에 너거 아부지는 잘 계시는가 모르겠다" 하신다. 다각형으로 살아온 날들, 앞으로 살아가야 할 가족사에 나문석의 마음도 무거웠을 것이다.

인쇄공 이씨는
한 방울의 술도 마시지 못하는 사람인데
지난 밤 음주단속으로 한바탕
고역을 치르고 말았단다
피를 토하듯이 억울한 사연을 꺼내 놓는데
가만히 듣고만 있어도
세상에서 가장 슬픈 술이 되었다

인쇄를 하는데 필수적으로 사용되는 것이
공업용 알코올인데
하루 종일 일하다 보면 코로만 들이킨

알콜지수가 소주 반병이 넘는단다
제 아무리 설명을 해도 그걸 알아주지 않는 경찰관이
에프엠 같은 음주측정기로만 닦달을 하고
나중에는 술 마시고 오리발 내미는
못된 놈으로까지 치부를 하더란다
분을 삭이지 못한 그가
정말로 태어나서 처음으로 술을 마셨다

세상이 온통 아지랑이처럼 빙빙 돈다며
토악질을 하다가 쓰러졌다
생각할수록 슬픈 술

―「슬픈 술」 전문

언제부턴가 인간의 관념은 진실의 내면을 읽어내지 못하고 눈앞에 보이는 현실만 믿어버리는 잘못된 습관에 깊게 물들고 말았다. 어디서부터 거짓이고 어디가 진실인지 요즘 일어나고 있는 일련의 사건이나 정치상황을 봐도 혼돈스럽기만 하다. 진실을 왜곡하거나 들춰내지 못하고 묻어버리는 사회를 보면서 분통을 터뜨리는 일이 비단 인쇄공뿐일까?

대다수의 국민들이 알 권리를 제대로 알지 못하고 구렁이 담 넘어가듯 잊힌 일들이 하나둘이랴. 정말이지 술이라도 잔뜩 마시고 싶은 나날들이다. 나문석의 가슴에 깊이 자리 잡고 있는 일그러진 도형의 가족들, 그렇다고 언제까지 그 아픔을 되새김질하며 살기에는 부질없다고 토로한다. 그래서 그는 이쯤에서 그 무게의 짐을 내려놓으려 한다. 소통되지 않는 사회라도 그 구성원의 일원으로 주어진 삶의 현실에 적응하고자한다.

우기의 여름 숲
정적 깊은 날
항로를 잃어버린 나라는
여전히
거꾸로 가는 역사를 쓰고
파종을 해도
새 살이 돋아나지 않는
내 삶의 부질없는 씨앗들

당신이 그토록 아파하고도
버리지 못한 기록들 앞에서
—복구가 불가능합니다
—정말로 지우시겠습니까?
—클릭,
—확인.

—「사서함을 비우며」 전문

이명박 정부의 뒤를 이어 이 땅은 민주주의와는 좀 더 멀어졌다. 일각에서는 유신체제의 부활이라는 말이 나돌 정도로 박근혜 정부는 도저히 갈피를 잡지 못하고 있다. 국정원사건, 경주 리조트 붕괴사건, 노인 요양원 화재사건, 세월호 침몰사건, 탈영병 총기사건 등 굵직한 사건과 사고들이 끊이지 않고 발생했다. 그러나 어느 사건 하나 재대로 파악하고 대처한 예가 없다.

부친의 사건 또한 아직 끝나지 않았다. 이명박 정부 시절 국가가 잘못한 사건이라는 결론은 변함이 없으나 배상판결이 과하다는 대법원의 최종 판결로 그 가족들은 이중의 고통을 당하고 있다. 그러나 그는 그와 가족이 겪었던 "버리지 못한 기록"을 지우려 한다. 기억의 사서함에서 완전 삭제하고자 "클릭"하고 "확인"한다.

살아온 날들이
온통 스플릿으로 점철된 기막힌 생이여!
크로아티아의 스플릿에는
이천 년이 지나도록 살아 숨 쉬는 유적들이
인간의 구조물로 남아있는데,
반백의 인생구력 속에 나도

만만하게 여기는 것 하나 있어
가끔씩 역삼각형 구도의 텐핀을 상대로
시름을 달래곤 하는데
여기에도 그리 만만치 않은 복병이 존재한다
퍼펙트한 경기를 이끌어 감에 있어
단단한 집중력과 완벽한 스윙에도 불구하고
한순간 치명적으로 나를 배반하는 놈이
스네이크 아이다
하지만 이대로 멈출 수는 없다
비록 경이롭지는 않더라도
거트 끝에서 나를 노려보는 뱀의 눈을 향해
날카로운 일격을 가해야 한다
설령 패자로 남을 지라도
단 한 번의 멋진 승부를 위해
어프로치에서 시작된 19.15미터의 길을
정복하게 된다면
오늘도 내 안의 사막을 걷고 있는
동토의 겨울을 맨몸으로 견디어 온
어린누에들이
나비가 되어 날아갈 수 있을까

—「스네이크 아이」 전문

볼링경기를 하다 보면 스플릿이 발생하는 건 다반수다. 그 많은 스플릿 중에서 가장 처리하기 힘든 스페어가 스네이크 아이이다. 즉 7번과 10번 두 핀만 남아있는 경우다. 처리하기가 까다로워 프로볼러라도 거의 한 핀만 처리하고 마는 경우다. 연속으로 스트라이크를 날리는 통쾌한 삶이라면 얼마나 좋겠냐만 우리들 삶은 그렇지 않고 "온통 스플릿으로 점철된 기막힌 생"이다. 그러나 그런 스플릿을 하나하나 처리하며 경기를 치러나가는 것 또한 중요한 일이다.

경기 도중 "단단한 집중력과 완벽한 스윙에도 불구하고/한순간 치명적으로 나를 배반하는 놈이/스네이크 아이"일지라도 "나를 노려보는 뱀의 눈을 향해/날카로운 일격을 가해야 한다".

나문석의 시는 고통을 이겨나가는 가족사의 이야기가 주류를 이루고 있다. 물론 주변에서 일어난 동 시대의 아픈 사람들의 이야기도 감동을 준다. 무엇보다도 그는 진실과 정의가 살아있는 세상을 꿈꾼다.

4대강이 파헤쳐지면서 내는 강의 신음소리, 용산 컨테이너 속에서 아비규환으로 사라진 사람들의 절규, 어른들의 무책임으로 죽어간 세월호의 아이들, 아무런 이유도 모른 채 좌익으로 몰려 형장에서 사라진 사람들, 아직도 연좌제에 걸려 신음하고 있는 자손들, 산업현장에서 들리는 비정규직 노동자들의 한숨소리, 누가 그 소리를 아름다운 소리로 듣는지 모르겠지만 이 땅에는 아직 울부짖는 소리가 출렁거린다.

인혁당 사건은 오랜 시간이 지나서야 다행히 진실 위에서 무혐의를 입증하였고 누명도 벗었다. 그러나 벤자민 버튼의 시간은 거꾸로 가지만 아무도 그들의 삶을 되돌려 놓지 못하고 말았다. 그리하여 그는 희망이 없는 사회 환경에 비통해 한다. 반세기를 노심초사 기다려온 희망을 버리고 싶다며 부질없음을 토로한다.

깊어가는 어둠 속

늑대의 발소리 낡은 천장을 흔들고

살쾡이인지 바람의 날개인지

밤새 문풍지를 갉아대는 날

기척도 예고도 없이

자살보다 깊게 절망스런 이 산하를

눈(雪)부시게 통일한

저이는 누구인가?

―「훔치고 싶은 시」 전문

덴마크 철학자 쇠렌 키르케고르(Søren Aabye Kierkegaard)는 그의 저서 『이것이냐 저것이냐』에서 "시인이란 어떤 존재인가?"라고 질문한 뒤 기원전 시칠리아에서 사형도구로 사용되었던 「시칠리아 암소」에 빗대어 "격렬한 고통을 가슴속에 품고 있지만 탄식과 비명이 입술을 빠져나올 때는 아름다운 음악으로 들리는 불행한 사람이 시인이다."라 말했다.

또한 그는 "철저하게 절망할 수 있는 것이 인간의 능력이라는 걸 깨닫게 된다. 세상을 잃음으로써 세상의 구조를 알게 된다."고 했다. 시칠리아의 폭군 팔라리스는 구리로 만든 암소 안에 사람을 가둬 불을 지피면 희생자의 울부짖음이 아름다운 소리로 들렸다고 한다.

주역의 64괘 중 습감괘의 해석은 "함정은 잴 수 있지만 절망의 깊이는 잴 수 없다"고 한다. 인간의 교활함은 짐승만 잡으려고 그물을 치거나 함정을 파지는 않는다. 때로는 스스로 판 함정에 빠지기도 한다. 그러나 대다수는 왜 빠지는지도 모르면서 타인이 파놓은 함정에 빠지는 사람들이 부지기수다. 그런 함정에 빠져 헤어나지 못할 절망감으로 하루 치를 살아가는 사람들이 이 땅에 과연 얼마나 될까.

패권주의와 신자유주의가 팽배해지면서 군사독재 시절이나 군부정권 때보다도 더 깊은 좌절과 분노를 표출하는 사람들이 많아졌다. 키르케고르가 앓았던 우울증처럼 정신적인 공황상태에서 헤어나지 못할 정도로 강력한 절망감은 우리 삶을 짓누르는 온갖 고통의 대명사가된 것은 비록 시인 자신만은 아닐 것이다.

표면적으로 느끼는 아름다운 시도 그 본질은 고통이라는 걸 시인은 본능적으로 느끼는 것이다. 직접이든 간접이든 겪었거나 진행 중인 절망감을 시칠리아의 암소 속에서 죽어가는 심정으로 세계를 바라보는 종족이 시인인가 보다.

고립은 일상이 되었고 소통의 단절로 인해 현대인들은 우울증과 자괴감에 시달리기 일쑤다. 행복지수의 표준이나 질 높은 삶의 기준이 딱히 정해진 건 아니지만 물질문명이 발전할수록 정신적으로는 피폐해지는 건 아닐까.

그러나 아무도 하지 못한 일을 누군가 해냈다. 그것도 "기척도 예고도 없이" 말이다. 하루건너 말을 바꾸는 위정자와 무소불위의 권력을 휘두르는 자들의 서슬에 숨

죽여 사는 검은 현실을 하얗게 덮어 놓았다. 고통을 이루 말로써 표현하지 못할 "자살보다 깊게 절망스런 이 산하를" 누군가 소리 소문 없이 "눈(雪)부시게 통일한" 것이다.

인간의 힘으로는 도저히 회복 불가능한 암울한 현실을 누군가가 하얗게 바꿔놓았다. 온갖 좌절과 절망감이 날아다니던 어두운 밤을 눈이 시리도록 덮어놓았다. 평온한 심정으로 삶을 이어갈 세계, 눈앞에 펼쳐진 세계가 그토록 갈망하던 세계였고 메시아가 올 것만 같은 훔치고 싶은 세계이다.

어둠 속에서 들려오는 일련의 소리들, 주위에 산적해 있는 좌절감을 겪는 사람들은 얼마나 절박한 심정일까. 그 절망의 골짜기에서 헤어날 수 없어 허우적거리는 손을 누가 잡아줄까. 푸른 이끼들은 아직 도처에서 그 빛을 발하고 있는데 말이다. 진정 "저이는 누구인가?"

정삼각형 가족

2014년 7월 17일 초판 1쇄 찍음
2014년 7월 22일 초판 1쇄 펴냄

지 은 이 _ 나문석
펴 낸 이 _ 양문규
펴 낸 곳 _ 詩와에세이

신고번호 _ 제319-2005-000014호
주　　소 _ (120-865) 서울시 서대문구 북아현로16길 7 세방그랜빌 2층
대표전화 _ (02)324-7653, 070-8877-7653
팩시밀리 _ 0505-116-7653
휴대전화 _ 010-5355-7565
전자우편 _ sie2005@naver.com
공 급 처 _ 한국출판협동조합
주문전화 _ (070)7119-1741~2
팩시밀리 _ (031)944-8234~6

ISBN 978-89-92470-95-7 03810

* 책값은 뒤표지에 표시되어 있습니다.